# COUP D'ŒIL

## SUR LES FINANCES

## DE LA

## VILLE D'AUXONNE,

*Et sur les ressources qu'elles offrent à une bonne administration, pour satisfaire à tous les besoins que la ville éprouve depuis trop long-temps.*

PAR C. N. AMANTON ET J. GILLE.

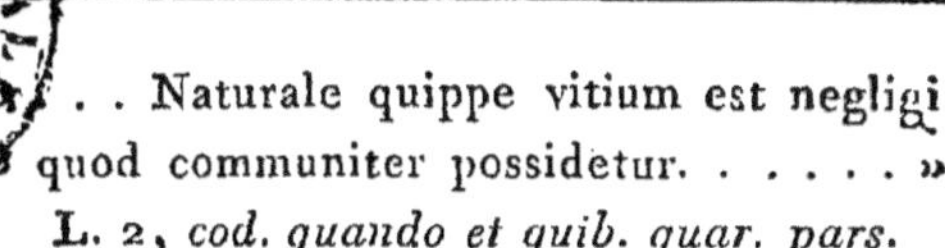

« . . Naturale quippe vitium est negligi quod communiter possidetur. . . . . . »
L. 2, *cod. quando et quib. quar. pars.*

A DIJON,

DE L'IMPRIMERIE DE L. N. FRANTIN.

*Et se trouve,*

A AUXONNE, CHEZ LES AUTEURS.

Pluviôse an IX. (1801.)

# COUP D'ŒIL

*Sur les finances de la ville d'Auxonne, et sur les ressources qu'elles offrent à une bonne administration pour satisfaire à tous les besoins que cette ville éprouve depuis trop long-temps.*

AUXONNE est peut-être la ville la plus riche du département de la Côte-d'Or, en propriétés communales et en capitaux disponibles. Par quelle fatalité reste-t-elle donc accablée sous le poids de ses dettes ? Pourquoi a-t-on laissé, jusqu'à présent, subsister, au milieu de sa nombreuse population, des cloaques, dont les exhalaisons fétides attaquent prématurément la vie des citoyens ? Pourquoi les personnes et les propriétés ne sont-elles point en sûreté dans cette ville pendant les longues soirées d'hiver, tandis qu'elle possède déja tous les élémens d'une illumination suffisante ? Pourquoi les prisons n'y sont-elles autre chose que des cachots peu sûrs et infects, dont nous ne pourrions présenter à nos lecteurs l'horrible description sans soulever leur ame ? Pourquoi ses bâtimens n'offrent-ils que des ruines ? Pourquoi les pavés de ses rues sont-ils dans un état de dégradation presque absolue ? Pourquoi une immense forêt, le plus précieux des héritages que lui ont transmis nos ancêtres (1), menace-t-elle de n'offrir à nos neveux que des landes ? Pourquoi les nombreux usurpateurs de son territoire agricole sont-ils laissés dans une possession paisible ? Pourquoi tant d'autres abus dont nous pourrions surcharger cette effrayante nomenclature ? Pourquoi enfin, nouveau Tantale, la ville d'Auxonne, au milieu des richesses, éprouve-t-elle les besoins qui sont le triste partage de l'indigence ? Telles sont les questions que nous nous sommes faites cent fois

---

(1) Cette forêt, connue sous le nom de *Crochères*, autrefois *les Creuchères*, contenoit, dans le commencement du 17$^{e}$. siècle, *environ une lieue de longueur et demi-lieue de largeur*. (Voy. *histoire des antiquités et prérogatives de la ville et comté d'Auxonne*, par *Jurain*, pag. 1 et 2.) Deux siècles ont bien changé les choses !

à nous-mêmes. Mais il n'entre point dans notre plan de les résoudre par le développement des causes qui ont produit des effets aussi désastreux ; parce qu'il est peu de nos concitoyens qui ne puissent s'en rendre raison. D'ailleurs, la plaie dont nous soulevons le voile, pouvant, sans le secours de la sonde, être soumise au traitement qui doit la cicatriser ; il seroit peut-être cruel, et tout au moins inutile, de la tourmenter en y portant cet instrument.

Montrer les ressources de la ville d'Auxonne dans ses revenus annuels, dans ses revenus extraordinaires, et dans ses créances exigibles : présenter un apperçu de ses dépenses, tant ordinaires qu'imprévues, de sa dette constituée, tant en capitaux qu'en intérêts, et de ses dettes exigibles arriérées : offrir en résultat ses ressources pour satisfaire à ses besoins sous tous les rapports, sans en exclure même ce qui tient à son embellissement : tel est notre unique objet. Le bien que la loi ne nous a pas donné le pouvoir d'opérer comme magistrats (1), il

---

(1) Voy. le *journal de Dijon et de la Préfecture de la Côte-d'Or*, du 25 brumaire an 9, pag. 22.

nous est au moins permis de l'indiquer comme citoyens. Nous le faisons de bonne foi, et avec la seule prétention d'être utiles. Si nous avons néanmoins le malheur de blesser quelques intérêts privés, ce que nous avons peine à nous persuader, nous nous flattons qu'on nous le pardonnera en faveur du motif qui nous anime. On sentira qu'en position de connoître le mal, nous ne pouvions le taire sans encourir une sorte de blâme.

Nous entrons en matière par l'exposé de l'état des finances de la ville.

## ACTIF.

### §. 1er.

#### REVENUS ANNUELS.

| | fr. c. |
|---|---|
| Maison et clos des *ci-devant Capucins*. . . | 300,00 |
| Baraques aux portes de la ville . . . . . . . | 221,00 |
| Échoppes autour de l'église. . . . . . . . . | 88,00 |
| Caves de la *boucherie*, non-amodiées, qui pourroient produire . . . . . . . . . . | 100,00 |
| Ancienne *tuerie* et la cour en dépendant . . | 247,00 |
| Moulins amodiés 800 mesures de blé, qui peuvent produire . . . . . . . . . . . . . | 3000,00 |
| | 3956,00 |

| | fr. c. |
|---|---|
| *Ci-contre.* . . . . . . . . . . . . . | 3956,00 |
| Enlevement des boues réduit à . . . . . . . | 150,00 |
| Isle au *Port* . . . . . . . . . . . . . . . | 230,00 |
| Étang *Sirardi* . . . . . . . . . . . . . . | 680,00 |
| Aiges du *Bois Ramé* . . . . . . . . . . . | 555,00 |
| Aiges *Cotechet* et *Buisson rond* . . . . . . | 160,00 |
| Aiges des *Bareillets* . . . . . . . . . . . . | 285,00 |
| Pâquiers de *Mercey* et de la *Fontenote* . . | 81,00 |
| Terres communales . . . . . . . . . . . . | 6674,51 |
| Autres terres communales . . . . . . . . . | 160,00 |
| Rentes foncières sur des communaux . . . | 72,84 |
| Bail *Gairoird* de douze journaux et demi de terres . . . . . . . . . . . . . . . . . . | 58,50 |
| Glandée . . . . . . . . . . . . . . . . . . | 122,50 |
| Coupe annuelle de la forêt (1) . . . . . . | 5000,00 |
| Centimes additionnels des contributions. . | 1609,70 |
| Dixième des patentes, environ. . . . . . . | 600,00 |
| Moitié des amendes de police, environ. . | 100,00 |
| Intérêts des délits dans la forêt (2), environ. | 400,00 |
| TOTAL. . . . . . | 20895,05 |

(1) La première coupe à vendre produira, disent les marchands de bois, au moins 12000 francs.

(2) Il ne s'agit que de vouloir en faire prononcer et en poursuivre la restitution. L'impunité sur laquelle on a compté jusqu'ici, a multiplié les délits. Puisse une juste rigueur dessécher bientôt cette branche gourmande des revenus de la ville !

## §. 2.

### REVENUS EXTRAORDINAIRES.

| | fr. c. |
|---|---|
| Un lot du quart de réserve des bois communaux, vendu au citoyen *Chinard*. . . | 45750,00 |
| Un autre lot dudit quart de réserve, vendu au citoyen *Déturbet*. (1) . . . . . . . . | 45750,00 |
| | 91500,00 |

---

(1) Les ventes aux citoyens *Chinard* et *Déturbet*, ont été faites en vertu d'un arrêté du ci-devant Directoire exécutif, du 29 nivôse an 7. Cette arrêté ordonne que le prix en sera versé entre les mains du Receveur général du Département, « pour » être icelui *employé* EN ACQUITTEMENT DES DETTES DE LA » COMMUNE (d'Auxonne),.... de la nature de celles autorisées » par les règlemens; et, en cas d'excédant, *à des réparations* » *d'utilité générale*, suivant la destination qui en sera faite par » l'Administration centrale ( aujourd'hui *le Préfet* ), et sur » l'avis de celle municipale du canton ( aujourd'hui *le Conseil* » *municipal* et *le sous-Préfet* ); duquel emploi il sera justifié en » la forme ordinaire..... »

Les adjudicataires devoient payer *un cinquième* du prix de leurs adjudications, le 18 frimaire an 8 : *deux cinquièmes*, le 29 fructidor suivant, et les *deux* autres *cinquièmes*, le 29 frimaire an 9.

Des saisies entre les mains des adjudicataires, de la part de *la Régie des domaines*, et de *la part de la Commision administrative des Hospices civils d'Auxonne*, qui se disputent un capital de 20,000 fr. dû par cette ville au *grand Hospice* (*a*), arrêtent, *dit-on*, les versemens des adjudicataires...... c'est-à-dire, que la ville d'Auxonne est privée d'appliquer à sa destination une somme de plus de 80,000 francs ( *Chinard* a fait un petit versement), parce qu'elle en doit 20,000, dont elle pouvoit se libé-

(*a*) Voy. *mémoire pour le grand Hospice*, etc. par *Amanton*.

| | fr. c. |
|---|---|
| *Ci-contre* . . . . . . . . . . . | 91500,05 |
| Vente d'arbres au citoyen *Chabert* (1). . . . | 2675,00 |
| Total. . . . . . . . . | 94175,00 |

rer en les laissant tout uniment *dans la caisse du Receveur général*, pour être payés, soit *au Receveur de la Régie des domaines*, soit *au grand Hospice*, suivant l'événement de la contestation actuellement pendante devant le Ministre de finances !!! Mais comment des saisies peuvent-elles *subsister entre les mains des adjudicataires*, tandis que le bruit court que le Magistrat qui administre le Département, a décidé en principe, par un arrêté du 16 brumaire an 9, que *de pareilles saisies ne pouvoient être formées qu'entre les mains du Receveur général?*

Il y a, entre la *co-existence* de ces saisies entre les mains de *Chinard* et de *Détourbet*, et de cet arrêté du 16 brumaire an 9, une contradiction évidente qui nous fait douter fortement de cette *co-existence*; car, en bonne logique, on doit penser, ou que *les saisies* sont des êtres imaginaires, ou que l'*arrêté* est apocryphe. *Fiat lux.*

Au milieu de tout cela, plusieurs points restent cependant constans; c'est que les dettes de la ville ne sont ni *liquidées* ni *payées*: c'est qu'elle paie mal à propos les *intérêts* de sa *dette constituée* qui devroit être *éteinte* depuis plus d'un an: c'est que cette ville, digne d'un meilleur sort, éprouve des maux réels, et des privations pénibles, sur la cessation desquels elle avoit le droit de compter: c'est..... que le reproche que l'historiographe d'Auxonne (*b*) adressoit à vos devanciers en 1611 (*c*), vous est parfaitement applicable au commencement du *19*ᵉ. *siècle*.

(*b*) Claude Jurain, *aduocat et mayeur dudit Aussonne*, sa patrie.

(*c*) Voy. *histoire des antiquitez et prérogatiues de la ville et conté d'Aussonne*, pag. 107, *initio*. On peut consulter aussi la *dissertation critique sur le projet de détruire la digue d'Auxonne*, pag. 14, *in fine*.

(1) Le citoyen *Chabert* a sans doute versé dès long-temps le

## §. 3.

### REVENUS ET CRÉANCES EXIGIBLES ARRIÉRÉES (1).

| | fr. c. |
|---|---|
| Créance sur la commune de *Villerrotin*. . . | 1000,00 |
| Loyers de l'*ex-couvent des Capucins*, pendant les années 4, 5 et 6 . . . . . . . . | 1102,00 |
| Loyers de la cave de la boucherie. . . . . . | 120,00 |
| Loyers de la halle de la *tuerie*, environ. . | 400,00 |
| Loyers des baraques aux portes, environ. . | 400,00 |
| Fermages et rentes, environ. . . . . . . . | 600,00 |
| Intérêts et amendes des délits dans la forêt. . | 1000,00 |
| TOTAL. . . . . . . . . . . . . . . | 4622,00 |

---

prix de ces arbres dans la caisse du *Receveur général* : car *il n'y a point de saisies entre ses mains.* Il nous semble qu'on auroit dû dès long-temps aussi en solliciter l'application au paiement, ou des dettes exigibles de la ville, ou des intérêts de sa dette constituée, au lieu de souffrir qu'elle supportât des contraintes, des saisies-arrêts entre les mains *de son Receveur*, comme cela est arrivé depuis peu plusieurs fois.

(1) On sentira sans doute qu'il est temps d'en poursuivre le recouvrement.

# PASSIF.

## §. 1er.

### DÉPENSES ORDINAIRES PRÉSUMÉES, A RÉGLER.

| | |
|---|---|
| Loyer du lieu des séances de la mairie. . . . | 350,00 |
| Traitement du commissaire de police. . . . | 600,00 |
| — du secrétaire en chef. . . . . . . . . . | 1200,00 |
| — d'un premier commis . . . . . . . . . | 800,00 |
| — d'un second commis. . . . . . . . . . | 600,00 |
| — du voyer. . . . . . . . . . . . . . . . | 200,00 |
| Gages des deux garçons de bureau. . . . | 300,00 |
| Trompette-afficheur. . . . . . . . . . . . | 75,00 |
| Visiteur des boucheries. . . . . . . . . . | 50,00 |
| Visiteur des cheminées. . . . . . . . . . | 36,00 |
| Sonneur pour le *balaiement* des rues. . . | 24,00 |
| *Balaiement* de cheminées. . . . . . . . . | 10,00 |
| Entretien de l'horloge. . . . . . . . . . . | 160,00 |
| Entretien seulement du pavé des rues . . . | 300,00 |
| Entretien seulement des bâtimens de la commune . . . . . . . . . . . . . . . . | 400,00 |
| Entretien des ponts et fossés. . . . . . . . | 500,00 |
| Illumination et entretien des réverbères. . . | 1500,00 |
| Registres de l'état civil et timbre. . . . . | 150,00 |
| Frais de bureau et d'impression (1). . . . . | 800,00 |
| | 8055,00 |

(1) Les frais d'impression des seuls billets de logement des troupes en marche, se sont élevés, en l'an 8, à 400 francs.

| | fr. c. |
|---|---|
| *D'autre part* . . . . . . . . . | 8055,00 |
| Ports de lettres et paquets. . . . . . . . . . | 100,00 |
| Garde nationale, tambours et entretien d'armes. . . . . . . . . . . . . . . . . . | 500,00 |
| Fêtes nationales et distribution de prix . . . | 500,00 |
| Concierge de maison d'arrêt. . . . . . . . | 100,00 |
| Pain et paille aux détenus. . . . . . . . . | 150,00 |
| Gardes-forestiers. . . . . . . . . . . . . . . | 1700,00 |
| Contribution foncière. . . . . . . . . . . | 1803,00 |
| Pension à l'instituteur *Trécourt*. . . . . . . | 150,00 |
| Dépenses imprévues. . . . . . . . . . . . . | 1000,00 |
| TOTAL. (1). . . . . . . . . | 14058,00 |

## §. 2.

### DETTE CONSTITUÉE.

| | En *capitaux*. | En *intérêts* (2). |
|---|---|---|
| | f. c. | f. c. |
| Au grand hospice d'*Auxonne*. | 20000,00 | 7422,00 |
| A la commune de *Soissons*. . | 7000,00 | 1370,00 |
| A la commune de *Labergement*. | 2400,00 | 469,00 |
| Aux héritiers *Pignot*. . . . . | 5000,00 | 1475,00 |
| | 34400,00 | 10736,00 |

(1) On ne tire point en ligne de compte *les intérêts de la dette constituée*, parce qu'ils doivent enfin cesser par une prompte obéissance à l'arrêté du gouvernement, qui applique au remboursement du capital une partie du produit des sommes dues par les adjudicataires du quart de réserve.

(2) Il y a de ces intérêts qui n'ont point été payés depuis longtemps. On en jugera par leur proportion avec les capitaux.

| | f. c. | f. c. |
|---|---|---|
| *Ci-contre* . . . . . . . | 34400,00 | 10736,00 |
| Aux héritiers *Leblanc*, de Beaune. . . . . . . . . . | 534,00 | 123,75 |
| A la dame *Robert*, $v^e$. Lanaud. | 534,00 | 123,75 |
| Totaux. . . . . . . . | 35468,00 | 10983,50 |

## §. 3.

### DETTES DEPUIS LONG-TEMPS EXIGIBLES.

| | fr. c. |
|---|---|
| Au citoyen *Collombier* (indemnité) . . . . | 2400,00 |
| Au citoyen *Demartinécourt* (perception de 1791). . . . . . . . . . . . . . . . . . . | 1061,65 |
| Au cit. *Rude* (perception de 1793 et 1794). | 582,40 |
| Au citoyen *Chevalot*, de Genlis, (opération relative au partage des communaux, resté en suspens). . . . . . . . . . . . . . . | 400,00 |
| Loyers arriérés de la maison nationale, lieu des séances de la mairie. . . . . . . . . | 700,00 |
| Total. . . . . . . . . . | 5144,05 |

# RÉCAPITULATION.

| | | fr. c. |
|---|---|---|
| Revenus ordinaires. . . . . . | 20895,05 | |
| Revenus extraordinaires. . . | 94175,00 | 119692,05 |
| Revenus et créances arriérées. | 4622,00 | |
| Dépenses ordinaires. . . . . | 14058,00 | |
| Dette constituée. . . . . . . | 35468,00 | 65653,55 |
| Intérêts de cette dette. . . . | 10983,50 | |
| Dettes exigibles. . . . . . . | 5144,05 | |

| | |
|---|---|
| Il y a bonification de. . . . . . . . . . | 54038,50 |
| Et en y ajoutant la valeur du restant du *quart de réserve* (1), d'environ. . . . . | 90000,00 |
| La ville aura à sa disposition. . . . . . | 144038,50 |

Est-il une richesse plus réelle? Mais qu'est-ce que la richesse, quand on ne sait pas l'employer à propos? Usez-donc des biens que la providence vous a si largement dispensés! Commencez par vous libérer des dettes qui vous écrasent si gratuitement en intérêts! Le capital qui vous restera après cette salutaire, mais trop tardive opération, nous allons vous indiquer à quoi vous pou-

(1) Il est très instant d'en solliciter la vente, parce que, loin de profiter, il ne peut, ayant déja dépéri, que subir un plus ample dépérissement. C'est là du moins ce qu'assurent des personnes qui disent s'y connoître.

vez, disons mieux, à quoi vous *devez* l'employer. Nous plaidons ici la cause de tous. C'est à la santé de nos concitoyens, à leur utilité, à leur commodité et à leur agrément, que nous avons consacré quelques loisirs. *Deus nobis haec otia fecit* (1).

## EMPLOI DU CAPITAL DISPONIBLE.

### §. 1er.

### SALUBRITÉ.

I. *Le canal*, dit *la petite Saône*, est un cloaque. Les habitans d'Auxonne, respirant habituellement un air imprégné des miasmes qu'il exhale, contractent inévitablement le germe des fièvres putrides et malignes, qui les moissonnent chaque jour (2) dans une

---

(1) Virgile, églog. 1ere.

(2) « . . . . . Les maladies épidémiques de l'homme, » et les épizooties des animaux, viennent des *eaux* » *corrompues*.... De la corruption des eaux,... s'élèvent » des exhalaisons *putrides* qui infectent l'air, les herbes » et les animaux..... C'est des anciens *canaux envasés* » de l'Égypte, que sortent perpétuellement *la lèpre* et » *la peste*. En Europe, les anciens *marais salans* de » Brouage, où l'eau de la mer ne vient plus, et dans » lesquels les eaux de pluie séjournent,.... sont deve- » venus des sources constantes d'*épizooties*. Ces mêmes

proportion, dont les chaleurs du dernier été nous ont laissé un exemple épouvantable (1).

Lorsque la *digue,* destinée à retenir les eaux de la Saône en quantité suffisante pour alimenter le canal dont il s'agit : *digue* contre la destruction de laquelle un de nos compatriotes s'élevoit, il y a vingt ans, dans un écrit aussi fort en raison qu'ingénieux (2);

---

» maladies, les *fièvres putrides* et *bilieuses,* et le » *scorbut* de terre (*a*), sortent tous les ans des marais » de la Hollande;.... le mauvais air de Rome, en été, » vient de ses *anciens aqueducs,* dont les eaux se sont » répandues parmi les ruines..... Les *fièvres pourprées,* » les *dyssenteries,* .... si communes dans nos campa- » gnes, après les chaleurs de l'été, ou dans des prin- » temps chauds et humides, viennent pour la plupart » des *mares....* » (*Jacques-Henri Bernardin de Saint-Pierre,* Études de la nature, *étud.* 7e. ).

(1) Il mouroit jusqu'à quarante personnes par mois. A ce taux, une année verroit disparoître le onzième de la population.

(2) *Dissertation critique sur le projet de détruire la digue d'Auxonne,* par le révérend père *Binosimil,* capucin-vicaire au couvent de Gray. *In-4°.* Amsterdam, 1780.

Le cit. *Antoine* ANTOINE, aujourd'hui ex-ingénieur

(*a*) Des dents blanches et bien saines sont extrêmement rares à trouver, depuis nombre d'années, chez les individus qui habitent Auxonne.

lorsque la *digue,* disons-nous, n'étoit point encore parvenue à l'état de dégradation dans lequel on la voit aujourd'hui (1), le cours du *canal* dit *la petite Saône,* étant pérenne, ce canal ne produisoit pas les effets désastreux que nous avons malheureusement à lui reprocher ; parce que ses eaux n'étoient point stagnantes ; parce que son lit étoit purgé des immondices provenant des latrines adaptées

---

des ponts et chaussées de la ci-devant province de Bourgogne, Auxonnois, auteur de cet ouvrage patriotique, avoit caché, ou plutôt montré ses *nom* et *prénom semblables,* sous le mot composé : *Binosimil,* qui paroît avoir sa racine dans ceux-ci : *bis nomen simile.*

(1) Vous avez à vous reprocher, administrateurs d'alors, d'avoir, par le défaut de réparation et d'entretien de cette *digue,* entraîné la perte absolue d'excellens moulins, qui rendoient à la ville plus de 8000 liv. de rente net ; mais plus encore, d'avoir empoisonné l'air que respirent vos concitoyens, et qui, sans doute, vous a été funeste à vous-mêmes, comme à beaucoup d'entre eux ! A propos de moulins, vainement a-t-on édifié de nouveaux moulins, en vertu d'un décret de l'Assemblée constituante, du 27 décembre 1790 ; non-seulement ils ne rendent point le revenu du capital absorbé par leur construction, mais encore ils chomment une grande partie de l'année : ce qui les rend insuffisans pour dispenser les habitans d'Auxonne d'aller moudre souvent à plus de *trois lieues,* à leur très grand préjudice.

aux murs de quai, du côté de levant, à mesure qu'elles y tomboient.

Cela posé, retourner, autant qu'il est possible, à l'ancien état des choses, nous semble nécessaire et pressant, si l'on attache quelqu'importance à couper le mal dans sa racine, non en faveur de ceux qu'il a emportés, cela n'est malheureusement pas possible, mais en faveur, et de ceux qui vivent encore, et des générations futures (1).

On pourroit donc, 1°. curer le *canal*, creuser au milieu une petite *cunette*, et y amener l'eau par les moyens qu'indique l'art, de manière que le cours de cette *cunette* fût *pérenne* (2) : 2°. forcer, par un règlement de police, les propriétaires des maisons qui

---

(1) Le Magistrat, chef de l'administration du département, dans la tournée qu'il vient de faire, accompagné de l'Ingénieur en chef, s'est convaincu, lorsqu'il a visité Auxonne, qu'on ne peut être taxé d'exagération, quoi qu'on dise sur cet objet. Pourquoi donc n'avoir pas encore tenté de mettre à profit la bonne volonté de ce Magistrat à autoriser les travaux nécessaires ?

(2) « Tout terrein *entièrement couvert d'eau*, n'est » jamais mal sain : il ne le devient que lorsque l'eau » qui le couvre s'évapore, et qu'il expose à l'air les » vases de son fond et de ses rivages ». ( *Étude de la nature*, étude 7e. ).

bordent la rive orientale du *canal,* ou à enlever leurs latrines, ou à établir, en forts plateaux de chêne, bien joints, et assujettis par des liens de fer à chaque extrémité et au milieu, des tuyaux conducteurs des matières fécales dans le milieu de la *cunette:* 3°. enfin, défendre, sous peine de l'amende prononcée par les loix de police, à toutes personnes de jeter ou déposer, ni dans le *canal,* ni dans la *cunette,* des balayures, débris, décombres et autres choses semblables.

» . . . *Si quid novisti rectius istis,*
» *Caudidus imperti; si non, his utere mecum.*» (1)

II. Il est un autre *cloaque* non moins mortifère que le *canal* dit *la petite Saône:* nous voulons parler de l'espèce d'étang du *bastion royal,* plus connu sous la dénomination de *creux des Capucins.* Rien n'est plus pressant, suivant nous, que de le faire *combler* et niveler (2) ; et si ce *creux,* comme dépendant

---

(1) Horace, épit. 6, liv. 1^er^.

(2) » On détruiroit, d'une manière aussi sûre, la » putridité d'un marais, en le changeant en *lac,* qu'en » *terre ferme.* C'est sa situation qui doit déterminer » l'un ou l'autre procédé. » ( *Études de la nature, étude* 7^e^. ). Gens de l'art, transportez-vous donc sur le local, et prononcez!

du terrein des fortifications, ne peut ainsi disparoître sans l'intervention du Directeur du génie, il faut se hâter de la provoquer efficacement. La vie des hommes a déja un terme naturel assez court, sans laisser subsister plus long-temps les causes qui doivent l'abréger encore. Quel plus bel emploi peut-on faire de l'autorité, que de la faire servir à la conservation de l'espèce humaine ! *Homines ad Deos nullâ re propiùs accedunt, quàm salutem hominibus dando* : cette sublime pensée de l'Orateur romain est bien faite pour exciter le noble orgueil d'y travailler (1).

---

(1) La propreté des rues tient plus qu'on ne pense au paragraphe que nous venons de traiter. Ce point a subi une amélioration sensible par les soins du Commissaire de police actuel ; mais comment obtenir tout ce que l'on pourroit desirer à cet égard, lorsque la dégradation des pavés, ou leur absence totale, facilite le séjour des eaux dans les rues, et présente une nouvelle cause d'insalubrité ? Nous nous contentons de l'indiquer ici, parce que nous aurons occasion de traiter *des pavés des rues*, sous un autre rapport.

## §. 2.

## SURETÉ DES PERSONNES ET DES PROPRIÉTÉS.

I. Illumination. La ville possède des réverbères et tous leurs accessoires. Il ne faut, pour en procurer la jouissance, dont la privation est vivement sentie dans une ville où une population déja nombreuse est augmentée par la présence d'une garnison ; il ne faut, disons-nous, que réparer ceux de ces objets que le temps a dégradés. Une illumination pendant l'hiver ne peut ne pas avoir lieu, sans que la sûreté des personnes et des propriétés, les mœurs, le bon ordre et la discipline militaire, soient tout à la fois compromis chaque nuit.

II. Incendies. Les ravages affreux causés par les incendies, dont on entend chaque jour le triste récit, et à l'occasion desquels la charité et la bienfaisance de nos concitoyens s'imposent si souvent un tribut volontaire en faveur des victimes de ce fléau destructeur, dictent les précautions qui peuvent nous en garantir.

La pompe économique inventée par le citoyen *Picot*, méchanicien à Abbeville, dont l'usage est recommandé par le magistrat qui administre notre Département, d'après l'invitation qui lui en a été faite par le Ministre de l'intérieur (1); cette pompe, disons-nous, devient un meuble nécessaire à la ville d'Auxonne. La dépense de *quatre cents fr.* non compris les frais de voiture, et le port des lettres et de l'argent, est trop modique, pour qu'il y ait lieu à la moindre hésitation dans une délibération sur cet objet. Toute parcimonie, lorsqu'il s'agit du bien public, est désastreuse; elle est, à vrai dire, le vice opposé à la vertu qu'on appelle économie.

Vainement argumenteroit-on de la présence de la *pompe de l'arsenal*, pour se dispenser d'en acquérir une nouvelle. Qu'est-ce qu'une seule pompe au milieu d'un vaste incendie? rappellez-vous celui qui n'a laissé que le souvenir de l'existence de la trop malheureuse ville de *Saint-Claude*, et puis vous parlerez après, si vous l'osez, d'économie!

---

(1) Voyez *Journal de Dijon et de la Préfecture de la Côte-d'Or*, numéros XVI et XVII, les avantages de cette pompe.

III. NOYÉS. Il est peut-être réservé à *Auxonne* d'offrir l'exemple d'une ville, située sur les bords d'une grande rivière navigable, où l'on a négligé de rassembler les moyens d'administrer des secours efficaces aux victimes que cette rivière engloutit chaque année : aussi en voyons-nous rarement revenir à la vie.

Accorder une indemnité à quiconque volera au secours d'un individu qui se noie, et le ramenera sur le rivage, non pour l'y abandonner, comme cela se pratique souvent, mais pour appeller en sa faveur les secours de l'art (1) : accorder une indemnité à celui des officiers de santé qui se trouvera le premier en mesure d'administrer ces secours, quoiqu'ils soient une dette qu'on sait

---

(1) Nous sentons qu'il y a loin de notre *indemnité pécuniaire* à la *couronne civique* que l'ancienne Rome décernoit à celui de ses concitoyens qui en sauvoit un autre ; mais aussi nous sommes loin de ressembler aux anciens Romains. Si c'est tant pis sous quelque rapport, c'est peut-être tant mieux sous d'autres. Soyons Français, et, tout bien considéré, nous n'aurons pas à nous plaindre de n'être que cela. N'avons-nous pas *les brevets, les armes d'honneur?* Cette grande institution a déja fait plus d'un héros.

bien que les médecins et chirurgiens paient sans contrainte à la société : mettre dans les mains de ces officiers de santé l'un des moyens les plus sûrs de rappeller les noyés à la vie, en faisant l'acquisition de deux *boîtes fumigatoires*, dont le dépôt seroit fait dans des maisons à la proximité de la porte de la Côte-d'Or, et de la poterne du port *Pillon ;* voilà, ce nous semble, ce qu'il seroit bon de ne pas laisser renfermé dans les bornes d'une vaine spéculation. Nous nous estimerions heureux d'avoir élevé là-dessus notre foible voix, quand il n'en devroit résulter que le salut d'un seul homme.

## §. 3.

### ARCHIVES.

Les titres et papiers concernant les propriétés de la ville, ceux qui ont rapport à l'administration de ses revenus, et ceux relatifs à l'administration générale, offrent l'image du chaos, outre qu'ils tombent la plupart en pourriture et en lambeaux.

Ne seroit-il pas intéressant de faire cesser un pareil désordre, l'ouvrage tout à la fois de l'ignorance, du vandalisme et des rats (1)?

Si l'on pense comme nous, on établira un archiviste; cet archiviste sera chargé de faire poser des rayons casés dans une piéce saine; d'y faire transporter, du local actuel, qui ne l'est pas, tous les papiers; de les mettre dans un ordre convenable; d'en faire un inventaire raisonné, conçu de telle sorte, qu'à la vue de cet inventaire on puisse sur-le-champ mettre la main sur la piéce qu'appelle le besoin; et enfin de veiller à la garde

---

(1) Les *rats*, nous leur devons la justice de convenir qu'ils ont moins fait de mal que le *vandalisme*, auquel on a aussi à reprocher la destruction des tableaux précieux, sous le rapport de l'art et des souvenirs de l'histoire, dont la salle des séances municipales étoit décorée; il n'a pas même respecté celui d'un illustre Auxonnois, *Nicolas Marin*, dont la mémoire fut toujours chère à ses compatriotes. « Fils d'un simple arti-
» san, il parvint, par son propre mérite, à la place
» d'Intendant des finances, vers 1624; fut un Minis-
» tre intègre et habile, un seigneur bienfaisant, et
» le père de la patrie : c'est sous ce dernier nom qu'il
» est connu à Auxonne. *Son portrait est à l'hôtel-
» de-ville, avec ces mots :* PATER PATRIÆ, 1666. »
( *Courtépée*, descrip. hist. et topog. du duché de Bourgogne, tom. 3, pag. 261 ).

et à la conservation du tout. On fixeroit à cet archiviste un *traitement annuel*, et pour le travail du premier établissement, on lui donneroit une *indemnité* convenable. Au moyen de tout cela, le temps qu'on perd dans les bureaux à des recherches souvent vaines, seroit employé à l'expédition des affaires. C'est ainsi que de l'ordre naît l'économie.

## §. 4.

### RÉPARATIONS.

I. BATIMENS. 1°. *L'ancienne maison commune*, édifice déja ruineux par lui-même, raison qui l'a fait déserter il y a sept ou huit ans, n'auroit pas dû rester oubliée au point d'en négliger absolument l'entretien, d'autant moins que cet oubli compromet la *sûreté* et la SALUBRITÉ des prisons (1), qui en

---

(1) « Toutes rigueurs employées dans les arrestations, *détentions* ou exécutions, autres que celles autorisées par les loix, sont des crimes. » (*Constit.* art. 82.) Ce qu'on appelle à Auxonne une *maison d'arrêt*, on hésiteroit d'y héberger des *pourceaux*, et on y loge des *hommes* légalement réputés innocens, jusqu'à ce qu'ils aient été déclarés coupables.

font partie. Cette maison, dans laquelle les pluies pénètrent de toute part, sans que les archives mêmes en soient à l'abri, ne devroit-on pas en tirer parti d'une manière quelconque ? Ou elle est susceptible de réparations qui la rendent habitable, ou elle ne l'est pas. Au premier cas, pourquoi ne pas la réparer ? Au second, pourquoi ne pas, ou la démolir pour la reconstruire sur un nouveau plan, ou solliciter l'autorisation de la vendre, pour acquérir la maison nationale qui sert actuellement de maison commune ? Quelque parti qu'on prenne, fût-ce le plus mauvais, il offrira plus d'avantage que l'inaction désastreuse dans laquelle on est resté jusqu'à présent.

2°. La halle de l'*ancienne tuerie* tombe en ruine. C'est sans doute assez que d'en donner l'avis.

3°. Il en est de même de la *nouvelle tuerie*.

4°. La couverture du ci-devant monastère des Capucins, propriété acquise par la ville depuis la révolution, n'a point été entretenue. Les charpentes sont presqu'à nud : elles finiroient par se pourrir entièrement, si le sommeil de l'administration pouvoit se prolonger encore.

II. Pavés des rues. On sent que des pavés qui n'ont point été entretenus depuis plus de dix ans, réclament une réparation générale très urgente. Nous avons déja eu occasion d'en faire sentir la nécessité sous le rapport de la salubrité ; elle n'est pas moins pressante sous celui de la sûreté dans la marche des individus qui circulent dans les rues, sur-tout la nuit.

Un réglement de police pourroit obliger les propriétaires de maisons, à la charge desquels est sans doute cette portion de pavé qui regne le long d'icelles, à la faire réparer, chacun pour ce qui le concerne. La réparation à la charge de la ville, et celle à la charge des propriétaires de maisons, se feroient avec avantage et facilité, si elles marchoient de front.

Mais ce n'est pas assez que de réparer les pavés existans. Beaucoup de rues et de ruelles passagères forment des espèces de cloaques, parce qu'elles ne jouissent pas de l'avantage d'être pavées. Nous pouvons citer la rue *Perdue*, les rues *Désiles* et *de l'Égalité*, la rue *de Saône* derrière l'arsenal, la ruelle *de l'Unité* (1), la rue *du Fort* jusqu'à la poterne du *Port-Pillon*, et le passage depuis le pont de l'*ancienne tuerie* jusqu'à la rue *de Saône*. Pour faire disparoître les cloaques, presque permanens, de la plupart de ces rues, ruelles ou passages, et en faciliter à l'avenir le nettoiement, qu'on ne peut obtenir dans l'état actuel des choses, il faut les revêtir de pavés semblables à ceux des autres rues. Personne ne peut contester la nécessité et l'avantage, sous tous les points de vue, de cette opération (2).

III. PONTS. Celui de la *nouvelle tuerie*

---

(1) Cette ruelle qui conduit à l'un des moulins, a besoin d'être préalablement décombrée et purgée des immondices qui la rendent d'une infection insupportable.

(2) Une opération non moins nécessaire seroit de faire décombrer et paver le *pourtour* de l'édifice consacré à l'exercice du culte : *pourtour* aujourd'hui réceptacle dégoûtant d'ordures, sur-tout du côté de la place du marché aux grains. La place d'armes, qui est aussi celle où se tient le marché des menus comestibles, on devroit peut-être la revêtir d'un pavé plat comme celui des rues et places de Dijon; car elle est mal-propre et très boueuse dans les temps de pluie.

établie dans les *anciens moulins*, a besoin d'être reconstruit.

La voûte et les murs du pont près l'ancienne maison commune, sur le *canal* dit *la petite Saône*, offrent des dégradations qui appellent aussi la main de l'ouvrier. *Principiis obsta....*

Le pont sur le même canal près l'*ancienne tuerie*, est neuf; mais les garde-corps de ce pont, et tous les bois qui font saillie, subiront prématurément la dégradation, effet naturel de l'action que les pluies, l'air et le soleil exercent alternativement sur eux, si on ne se hâte d'y faire appliquer plusieurs couches de couleur à l'huile (1).

Restent plusieurs ponts et aqueducs *aux*

---

(1) Un ouvrage de maçonnerie près ce pont, nous paroît nécessaire pour arrêter l'éboulement des terres, dont les progrès rétrécissent déja le passage, et menacent les passans d'accidens fâcheux. Il s'agiroit de faire depuis ce pont sur la rive occidentale du *canal*, parallèlement au mur du jardin du citoyen Conte, *un petit mur de quai* qui se prolongeroit jusqu'à celui sur lequel est appuyée l'extrémité extérieure du pont de la maison Beaudelot. Peut-être même un mur de quai devroit-il fixer les rives du *canal* du côté de l'occident, dans toute sa longueur.

*Granges*, dont il seroit sage de faire examiner l'état, afin d'en prévenir, par des réparations, la plus ample détérioration, si, comme on le dit, ils n'en sont point exempts.

## §. 4.

### PROPRIÉTÉS RURALES.

I. Forêt. La forêt des Crochères, qui, suivant le témoignage de l'historiographe d'Auxonne, avoit, il y a deux siècles, *environ une lieue de longueur et demi-lieue de largeur*, est réduite aujourd'hui à environ deux mille quatre cents arpens (ancienne mesure). Malgré cette réduction, elle est encore une propriété infiniment précieuse, que nous devons religieusement transmettre à nos neveux, si nous voulons qu'ils bénissent notre mémoire. Mais ce ne seroit pas assez que de la leur transmettre dans l'état de dégradation où elle est aujourd'hui, puisqu'elle finiroit à la longue, si nos enfans n'étoient pas plus soigneux que nous l'avons été jusqu'ici, par disparoître entièrement du sol dont elle est en possession depuis tant de siècles.

Quelqu'un a dit : que *celui qui plante un*

*arbre est le bienfaiteur de l'humanité*, ( nous croyons que c'est l'estimable auteur des études de la nature, parce que nous retrouvons dans cette pensée la douce sensibilité qui fait le charme de ses écrits ); bénissons donc une fois la main du bienfaiteur qui en a planté tant de milliers, dont nous avons joui trop long-temps en héritiers ingrats. Soyons aussi à notre tour les bienfaiteurs de l'humanité ! sachons tout à la fois conserver et créer ; nous en avons les moyens.

Sachons conserver : il ne faut pour cela qu'invoquer toute la sévérité des loix contre quiconque porte dans le sein de notre forêt un fer criminel, ou livre à la dent meurtrière des animaux, l'espérance des temps futurs, lorsque nous venons, par des coupes périodiques, de recueillir le produit des temps passés (1).

Sachons créer : les ravages même, soit du

---

(1) A en juger par les sommes dues à la ville pour restitutions à l'occasion des délits forestiers qu'on a quelquefois poursuivis jadis, mais qu'on ne poursuit plus, les dévastateurs de la forêt sont laissés en pleine possession de continuer leurs brigandages. Doit-on s'étonner si, depuis l'humble bruyère jusqu'au chêne orgueilleux, tout y est soumis !

temps, soit de la main des hommes, qui ont laissé des traces dans les immenses places vagues disséminées à travers la forêt, nous en offrent le moyen. Que ces traces n'accusent pas plus long-temps les administrateurs qui ne reçurent qu'une mission inutile pour leurs administrés, si elle ne fut pas inutile pour eux-mêmes. Ne craignons pas de semer, si nous voulons recueillir. Dépensons, s'il le faut, à repeupler les places vagues et improductives, une partie du produit des places en rapport. Fécondons notre forêt, en reportant, pour ainsi dire, dans son sein, les germes que nous en avons tirés (1). C'est alors

---

(1) On pourroit, ce nous semble, mettre en adjudication le repeuplement des places vagues. Les adjudicataires seroient tenus de faire des semis ou des plantations dirigées de telle sorte, qu'ils rendissent, après un temps donné, tant de sujets par hectare. On ne paieroit le prix des adjudications qu'à mesure de l'accroissement; et l'époque de rigueur du dernier paiement seroit celle où, après l'expiration du temps donné, il seroit reconnu, par gens experts et probes, que les sujets sont en nombre suffisant, et d'une belle venue. Dût-on dépenser 20 à 30 mille francs dans cette généreuse opération, on ne sera pas dans le cas de la regretter, si l'on fait attention à la richesse du produit

que nous serons vraiment comptés parmi les bienfaiteurs de l'humanité, et que nos descendans nous paieront un juste tribut de reconnoissance, qui réjouira nos ames dans le sein de l'éternité. Ainsi soit-il.

II. Terres, Prés, Paturages. Cette portion du patrimoine de la ville a subi le sort de la forêt; comme celle-ci, les terres, prés et pâturages avoient autrefois une étendue qu'ils sont loin de présenter aujourd'hui. Objet d'usurpations successives, tolérées par des magistrats insoucians, sans doute la plus grande partie de ce qui en manque, a acquis, dans les mains des particuliers, la fixité, le caractère de la propriété par la force de la prescription, et nous sommes loin de proposer d'y porter une atteinte, que repousseroient victorieusement les principes du droit.

Mais, pour peu qu'il y ait d'usurpations

futur. *Il n'y a point de sol plus propre à la reproduction des bois, que celui de la Crochère,* disoit le citoyen *Crétet*, aujourd'hui *Conseiller d'état*, dans une descente qu'il y fit il y a quelques années. C'est aussi l'opinion des agens forestiers actuels. Qu'attend-on donc pour le féconder ce sol, puisqu'on n'a, pour ainsi dire, qu'à le vouloir?

que le temps n'ait pas couvert de son égide, pourquoi ne proposerions-nous pas d'en poursuivre, soit les auteurs, soit ceux qui leur ont succédé? Cette proposition d'ailleurs ne seroit pas nouvelle; car il n'y a pas encore six ans, qu'elle fut convertie en délibération, dans un conseil général de la commune; mais s'il y a loin de la délibération à l'exécution en général, c'est sur-tout quand il s'agit d'objets qui, comme les propriétés communes, n'intéressent d'ordinaire que foiblement les individus, *ut singuli*. Aussi y a-t-il long-temps que la loi a dit : *Naturale quippè vitium est negligi quod communiter possidetur* (1). Toutefois il ne faut point regarder ce texte comme autorité, pour excuser la négligence; car il n'est autre chose qu'un reproche dans la bouche du législateur. Ne le justifiez donc pas plus long-temps ce reproche : recherchez la délibération dont nous avons parlé, et réalisez enfin les espérances qu'elle avoit données à ceux auxquels les intérêts de la chose publique tiennent encore au cœur.

Suivez aussi les poursuites que vous avez

---

(1) L. 2, cod. *quando et quib. quar. pars.*

commencées contre ceux qui ont édifié des habitations sur un sol usurpé non loin de la forêt des Crochères : par là ils se sont rendus coupables d'un double délit : l'atteinte à la propriété commune, et la contravention à l'ordonnance de 1669 (1). Une plus longue indulgence à cet égard détruiroit toutes les mesures que vous pourriez prendre pour la conservation de votre forêt; puisqu'il est vrai de dire qu'elle est bloquée par l'ennemi, que d'être entourée, et d'habitations élevées et entretenues à ses dépens, et d'habitans qui, à un honnête travail, préfèrent de tirer leur subsistance des contributions que jour et nuit ils lèvent sur cette forêt.

## §. 5.

### Objets généraux d'utilité et d'agrément.

I. Lavoir. Les femmes qui se livrent à la pénible opération de laver les lessives, doivent inspirer de l'intérêt aux ames sensibles. Déja obligées, dans la mauvaise saison, de

---

(1) Art. 17 et 18 du tit. 27 *de la police et conservation des forêts.*

braver, pendant des journées entières, la rigueur d'une eau glacée, elles sont encore exposées aux injures de l'air, des pluies, de la neige. Leur sort doit être amélioré sans doute ; et nous proposons, comme moyen, la construction d'un ou deux bateaux couverts à l'instar de ceux que plusieurs villes, baignées par des rivières, ont consacrés au lavage (1). Peut-être un lavoir permanent seroit-il préférable. Mais est-il praticable ? c'est ce que nous laissons aux gens de l'art à décider.

II. Horloge. Celle qui existe est usée au point qu'elle n'est pas susceptible d'être mise en état de remplir sa destination. Quelque rapidement que le temps s'écoule, on veut encore le mesurer, les uns pour en être avares, les autres pour en être prodigues. Ceux-ci méritent peut-être peu d'intérêt, mais ceux-là doivent être l'objet de votre sollicitude. Faites donc faire une horloge neuve,

---

(1) Rien ne doit être plus mal sain que le linge lavé au *creux* dit *des Capucins*, dont l'eau, déja corrompue, reçoit encore une partie des égouts de la ville.

en prenant vos précautions pour qu'elle soit bonne. La ville ne peut s'en passer plus long-temps.

III. Promenades. Les remparts ont besoin d'être sablés. A cela tient le bon état dans lequel l'intention du Gouvernement est sans doute qu'ils soient entretenus. C'est aussi sur cela qu'il seroit utile d'appeller l'attention du Directeur du génie (1).

La plantation qui prête son ombrage à la plate-forme située à l'extrémité latérale septentrionale du pont sur la Saône, est précieuse : l'entretien paroît en avoir été négligé : quelques arbres qui y manquent appellent des successeurs. La ville est plus intéressée que qui que ce soit à porter là-dessus son attention. Ainsi, propriétaire ou non, elle doit pourvoir à la restauration et à l'entretien de la plantation dont il s'agit. On ne pense pas qu'à cet égard elle éprouve aucune opposition.

IV. Édifice. Auxonne manque d'un édi-

---

(1) Il seroit à desirer que le mur d'appui qui donne sur le fossé du château, fût rétabli; il dépend aussi des fortifications.

fice où l'on puisse offrir *à la Mairie* un local pour ses séances, ses archives et ses bureaux : *au Tribunal de commerce,* un auditoire, une chambre du conseil et un greffe : *au Juge de paix,* un auditoire. Une maison d'arrêt sûre et saine devroit aussi faire partie d'un pareil édifice. Sans doute la dépense à faire pour réaliser ce projet seroit considérable ; mais elle seroit bien entendue. Malgré cela, nous croyons qu'elle ne doit venir qu'après qu'on aura pourvu à tous les objets sur lesquels nous nous sommes expliqués en premier ordre ; parce que le principe qu'il faut, avant que de bâtir, vivre, payer ses dettes, réparer et entretenir ses propriétés, etc. etc. etc. nous paroît être la base d'une bonne conduite et d'une véritable économie.

## CONCLUSION.

Nous avons rempli une tâche pénible. Peut-être nous a-t-il fallu quelque courage pour ne pas céder à une multitude de considérations qui invoquoient notre silence ; maisl'i ntérêt d'une ville entière a dû l'emporter. Nous avons dû éclairer nos concitoyens sur des objets dont la plupart sont pour eux de la plus haute importance. Dans les faits, nous avons été guidés par la vérité : dans nos vues, nous pouvons n'avoir pas toujours rencontré juste ; mais, dans l'ensemble de notre ouvrage, nous croyons avoir donné la mesure de notre amour pour le bien, qu'en dernière analyse, nous ne dissimulons pas être en général plus aisé à spéculer qu'à réaliser.

FIN.

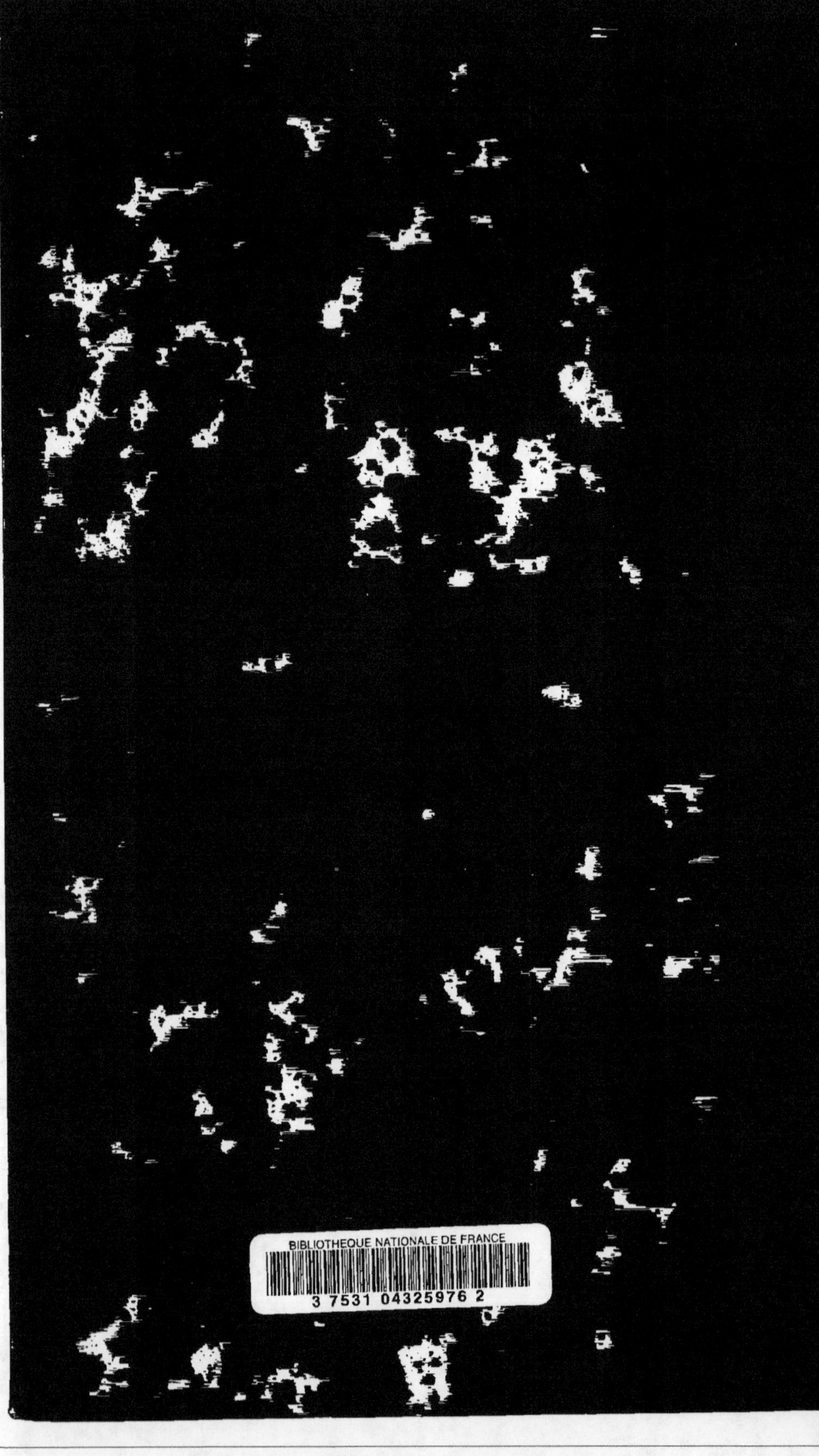
BIBLIOTHEQUE NATIONALE DE FRANCE
3 7531 04325976 2

www.ingramcontent.com/pod-product-compliance
Lightning Source LLC
LaVergne TN
LVHW022032080426
835513LV00009B/996

* 9 7 8 2 0 1 3 7 5 8 7 2 7 *